LES LARMES DU DRAGON

The Dragon's Tears

Story by Manju Gregory
Pictures by Guo Le

French by Annie Arnold

Dans la courbe de la rivière Min les lacs semblaient calmes et
paisibles. Ils étaient remplis de beauté. Vingt-quatre en tout.
Mei Mei s'assit près des rives de la rivière et se souvint.
Elle se souvint du temps où il n'y avait aucun lac.
Elle se souvint du temps des luttes et des tristesses.

In the curve of the river Min the lakes looked calm and
peaceful. They were filled with beauty. Twenty four in all.
Mei Mei sat by the banks of the river remembering.
She remembered a time when there were no lakes at all.
She remembered a time of struggle and sadness.

Mei Mei habitait avec son jeune fils, Chun Li. Leur maison était près de la rivière. Mei Mei travaillait dur pour gagner leur vie à tous les deux. Elle avait une petite rizière, quelques poules, un petit potager, quelques poissons d'eau fraîche et un vieux buffalo.

Mei Mei lived with her young son, Chun Li. Their home was close to the river. Mei Mei worked hard to make a living for them both. She had a small paddyfield, some chickens, a small plot of vegetables, some fresh water fish and an old buffalo.

Chun Li pêchait tous les jours dans la rivière. Un jour la ligne tira plus fort que d'habitude. Cela promettait d'être une bonne prise, il pensa.
Avec un puissant éclaboussement et un arrosage argenté un poisson doré émergea de l'eau…

Chun Li fished daily down by the river. One day the pull of the line was much, much more than usual. This promised to be a fine catch, he thought. With a mighty splash and a silvery spray a golden fish flipped out of the water

…et parla…

…and spoke…

"Chun Li, rejette-moi dans l'eau s'il te plaît? Je te revaudrai ça."

Chun Li sursauta: "Un poisson qui parle!"

Il retira soigneusement l'hameçon de sa bouche et à ce moment là une perle immense et brillante roula doucement sur sa main. Il n'avait jamais vu un joyau aussi beau. "Cette perle magique fera ta fortune," dit le poisson comme il disparaissait dans l'eau.

"Chun Li, will you please throw me back in the water? I will repay you well."
Chun Li gasped: "A talking fish!" He carefully removed the hook from the fish's mouth and as he did so, a huge and gleaming pearl rolled gently onto his hand. He had never seen such a beautiful gem.
"This magic pearl will make your fortune," said the fish as it disappeared into the water.

Chun Li courut à la maison, en appellant sa mère. Elle fut surprise de voir une perle aussi magnifique. Chun Li lui dit que c'était une perle magique. Il la plaça soigneusement sur le dessus d'un sac de riz. Aussitôt il y eut deux sacs de riz!

Chun Li ran back home, calling out to his mother. She was astonished to see such a magnificent pearl. Chun Li told her it was a magic pearl. He placed it carefully on top of a sack of rice. Straight away there were two rice sacks!

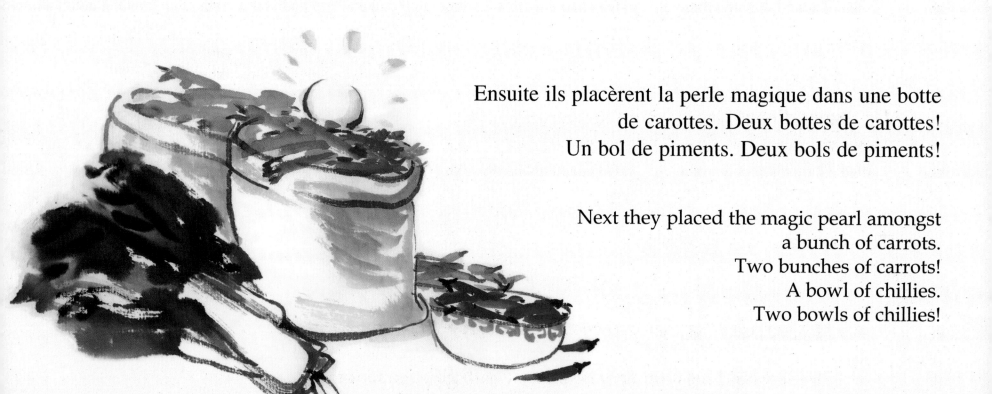

Ensuite ils placèrent la perle magique dans une botte de carottes. Deux bottes de carottes! Un bol de piments. Deux bols de piments!

Next they placed the magic pearl amongst a bunch of carrots. Two bunches of carrots! A bowl of chillies. Two bowls of chillies!

Un plateau de litchis piquants.
Deux plateaux de litchis piquants!

A tray of prickly lychees.
Two trays of prickly lychees!

Un régime de bananes mûres.
Deux régimes de bananes mûres!

A bunch of ripe bananas.
Two bunches of ripe bananas!

Un panier d'oeufs fraîchement pondus.
Deux paniers d'oeufs fraîchement pondus!

A basket of newly laid eggs.
Two baskets of newly laid eggs!

Le garçon et sa mère possédaient une grande et bonne fortune.

The boy and his mother were blessed with great good fortune.

Ils utilisèrent leur fortune sagement. Ils partagèrent et aimèrent donner. Quelques personnes étaient heureuses pour eux. Quelques personnes étaient soupçonneuses. D'autres étaient jalouses et quelques unes décidèrent de leur rendre visite!

They used their fortune wisely. They shared well and enjoyed giving. Some people felt happy for them. Some people felt suspicious. Others were filled with envy and a few decided to pay them a visit!

Mei Mei était occupée à donner à manger à ses poules quand elle entendit le bruit de chevaux gallopant se rapprochant de plus en plus près. Très vite elle fut entourée d'une foule mesquine et en colère.
Ils voulaient savoir comment elle était devenue si riche.
Mei Mei était terrifiée et dans sa terreur elle leur raconta toute l'histoire.
La foule ne voulait savoir qu'une seule chose. "Où est la perle magique?"
Mei Mei ne répondit pas.

One day, as usual, Mei Mei was busy feeding her chickens. She heard the sound of galloping horses coming nearer and nearer and very soon she was surrounded by a mean and angry crowd. They demanded to know how she had become so prosperous.
Mei Mei was terrified and in her terror she told the whole story.
Now the crowd only wanted to know one thing. "Where is the magic pearl?"
Mei Mei did not answer.

Ils l'écartèrent et entrèrent dans sa petite maison.

They pushed her out of the way and entered her little house.

Ils jetèrent et retournèrent tout ce qu'il y avait en vue. Quelqu'un ouvrit la porte du placard où Chun Li se cachait. Dans sa frayeur il mit rapidement la perle magique dans sa bouche. Les gens le trainèrent dehors et crièrent, "Vide tes poches!"
"Montre tes mains!"
"Ouvre ta bouche!" quelqu'un cria.
Chun Li lentement ouvrit la bouche. Mais il n'y avait pas de perle. Il l'avait avalé!
La foule en colère abandonna sa recherche et s'éloigna à cheval.

They upturned everything in sight. Then someone opened the door of the cupboard where Chun Li was hiding. In his fright he quickly put the magic pearl into his mouth. The people dragged him out and screamed, "Empty your pockets! Hold out your hands!"
"Open your mouth!" shouted someone.
Chun Li slowly opened his mouth. But there was no pearl. He had swallowed it! The angry crowd gave up their search and rode away.

Mei Mei rassura son fils qui tremblait. Son corps était chaud et fiévreux. Il réclama de l'eau pour se rafraîchir. Tout d'abord Mei Mei lui apporta des verres d'eau, ensuite elle versa des seaux d'eau mais il ne pouvait pas étancher sa soif. Elle l'emmena à la rivière où il but encore plus d'eau. Mais Chun Li devint encore plus chaud. Son corps semblait être en feu.

Mei Mei comforted her son who was shaking. His body was hot and feverish. He cried for some water to cool him down. First Mei Mei brought him cups of water, next she poured pails of water but he could not quench his thirst. She took him to the river where he drank even more water. But Chun Li just became hotter. His body felt as though it was on fire.

De la vapeur sortait de sa bouche, du feu flamboyait de ses narines et Mei Mei remarqua que le corps du garçon se changeait. Chun Li s'était changé en dragon. En plus, il s'élevait, haut, haut dans le ciel bleu et clair. Mei Mei pleura son précieux fils comme il s'éloignait de plus en plus loin, presque hors de vue.

Steam poured from his mouth, fire flared from his nostrils and Mei Mei saw that the boy's body was changing. Chun Li had changed into a dragon.
What's more, he was rising, up up into the bright blue sky.
Mei Mei wept for her precious son as he moved further away into the clouds, almost out of sight.

Sa mère le supplia de revenir. Chun Li tourna la tête lentement et de ses grands yeux tristes tomba une grande larme humide. Elle tomba dans la courbe de la rivière Min et un lac perlé magnifique naquit. Une autre larme tomba et une autre. Chacune se transforma en lac jusqu'à ce qu'il y en ait vingt-quatre en tout.

She begged for him to come back. Chun Li's head turned slowly and from the huge sad eyes fell a great wet tear. It dropped in a curve of the river Min and a beautiful pearly lake was born. There fell another tear and another and another. Each turned into a lake until there were twenty four in all.

Mei Mei pouvait à peine regarder. Quand elle put, elle n'en crut pas ses yeux. Son jeune garçon, Chun Li, s'élevait des brumes au-dessus du lac et courait vers elle. Elle tendit les bras pour le recevoir.

Les lacs étincelaient dans le paysage fertile.

Mei Mei could barely look up. When she did, a most magical thing happened. Her young boy, Chun Li, was rising from the mists across the lake and running towards her. She reached out her arms to receive him.

The lakes glistened in the fertile landscape.